민족사
사경 시리즈 5

부모은중경

사경 한글 — 독송
한문 — 한송

효행 기도 공덕

민족사

사경 공덕과 의미에 대하여

사경의 목적

　사경(寫經)이란 경전을 직접 베껴 쓰는 것, 즉 필사(筆寫)하는 것을 말합니다. 사경의 유래는 부처님 말씀을 전하기 위하여 시작되었습니다. 과거 인쇄술이 없던 시대는 직접 사람이 베껴서 전하거나 읽는(독송) 방법밖에 없었습니다. 그 후 경전은 목판에 판각(板刻)하여 간행하게 되었으나, 여전히 공덕·복덕 개념에 힘입어 많은 사경이 이루어졌습니다.

　사경의 첫 번째 목적은 부처님 말씀을 널리 유포하고자 하는 것이고, 두 번째 목적은 경전을 사경함으로써 얻게 되는 공덕·복덕·기원입니다. 세 번째는 사경을 하고 나면 기쁜 성취감과 행복감을 갖게 됩니다.

　가족이 액난 없이 행복해지기를 바라는 마음에서 사경을 하기도 하고, 돌아가신 부모나 조상의 천도를 위해 사경을 하기도 합니다. 정성을 다해 경전을 사경하는 것은 선업(善業)을 쌓는 최상의 길이라고 할 수 있습니다.

사경의 공덕

사경 공덕에 대하여 《대방광불화엄경(大方廣佛華嚴經)》〈금강

당보살품〉에서는 "만일 어떤 사람이 경전을 베껴 쓴다면(寫經), 이것은 곧 부처님 법을 지키기 위한 것이기 때문에, 헤아릴 수 없는 공덕을 받는다."라고 하였습니다.

또 《묘법연화경(법화경)》〈법사공덕품〉에서는 "만약 어떤 사람이 이 법화경을 수지(受持)·독송하고, 설하거나 사경(寫經)하면 이 사람은 마땅히 안(眼)·이(耳)·비(鼻)·설(舌)·신(身)·의(意) 육근이 모두 다 청정하고 건강해질 것이다."라고 하였습니다. 그 밖에도 《증일아함경》 1권 〈서품(序品)〉에서는 "만약 어떤 사람이 경전을 사경한다면, 그는 헤아릴 수 없는 무량한 공덕과 복을 받는다."고 하였습니다.

이상과 같이 여러 경전을 보면, 경전을 사경하는 공덕과 복덕이 헤아릴 수 없으며, 항상 부처님께서 보호해 주고, 모든 액난과 어려움을 면하게 해 준다고 설하고 있습니다.

사경은 마음을 정화하는 으뜸 방법

사경은 경전의 내용을 한 글자 한 글자 베껴 쓰는 것인데, 이것은 경전을 독송하는 공덕이 되고, 동시에 경전의 내용을 알게 되는 것이기도 합니다. 또한 사경 삼매(집중)를 통해 마음이 정화되며, 사경한 경전을 다른 사람에게 보시하면 그것은 곧 법보시를 하는 것이 되므로 더욱 공덕이 크다고 할 수 있습니다.

무착보살은 사경을 하면 다섯 가지 공덕이 있다고 말씀하였습니다. 첫 번째는 여래, 부처님을 친견할 수 있고, 두 번째는 복덕을 얻을 수 있고, 세 번째는 경전을 사경·찬탄하는 것 역시 수행이며, 네 번째는 많은 천인(天人)들로부터 공양을 받게 되며, 다섯 번째는 모든 죄가 소멸된다고 하였습니다.

그 밖에도 사경을 하면 몸과 마음, 정신이 맑아지고, 생각하는 것, 판단력도 정확해집니다. 특히 어려움이 닥치면 대부분 정신이 혼미하여 판단력을 상실하게 되는 경우가 많은데, 이때 사경을 하면 마음이 안정되고, 상황판단을 제대로 함으로써 어려움을 극복하게 됩니다.

특히 사업에 실패하신 분들은 반드시 사경을 하십시오. 그러면 새롭게 일어나 성공할 수 있습니다. 승진을 원하는 분도 마찬가지입니다. 살다 보면 그 누구든 어려움이 있기 마련입니다. 이때 사경을 하면 부처님의 가피로 마음이 안정되고, 명석한 판단력을 갖추게 되어 어려움을 극복하고 성공으로 나아갈 수 있습니다.

위와 같이 경전을 베껴 쓰는 사경은 많은 공덕·복덕이 있습니다. 이 좋은 사경 인연을 소중히 여기고 경건하고 공손한 태도로 환희심·감사심·자비심으로 사경을 하면 참으로 행복한 삶이 열릴 것입니다.

사경 자세와 마음가짐

1. 먼저 손을 깨끗이 씻고 단정히 앉아서 향을 피우고, 약 1~2분 동안 명상, 즉 마음을 가다듬은 다음 사경을 해야 합니다. 마음에 잡념이 있는 상태에서 사경을 하면 삐뚤삐뚤 글씨가 흐트러지게 됩니다.

2. 책상에서 바른 자세로 사경하는 것이 좋습니다. 바닥에 엎드려서 하면 쓰기는 편리한데 디스크, 고관절 등 허리병을 유발할 수 있습니다. 허리에 무리가 가지 않도록 사경해야 합니다.

3. 책상 위를 깨끗하게 정리 정돈한 다음 사경을 해야 합니다. 주변이 어지러우면 마음도 차분히 가라앉지 않게 되고 너저분한 환경에서는 사경이 잘 안 됩니다.

4. 가능한 한 붓이나 붓펜으로 사경을 하는 게 좋습니다. 대체로 붓이나 붓펜이 사경의 서체와 맞고, 일반 펜보다 더욱 정성을 기울여서 해야 하기 때문입니다·정서(正書, 바르게), 정서(淨書, 깨끗하게)로 사경을 마치고 나면 더욱 기쁨을 느끼게 되고, 사경한 경을 보관하고 싶은 마음도 들고, 보시하기도 좋습니다.

5. 사경 전 명상을 할 때는 마음속으로 "나무 석가모니불", "나무 아미타불", "나무 관세음보살" 등을 열 번 외우십시오.

6. 독송하면서 사경을 하면 독송 공덕과 사경 공덕을 함께 받게 됩니다. 또한 부처님 말씀의 참뜻을 되새기면서 알아차릴 수 있어서 더욱 좋은 방법입니다. 즉 사경이 경전을 공부하는 방법이 되기도 합니다.

7. 어느 경전이든 한 번에 사경을 완료할 수는 없습니다. 여러 번 해야 완성하게 되는데, 그럴 때는 사경하고 있는 경전을 깨끗한 곳, 높은 곳에 보관해 두어야 합니다. 완성한 뒤에도 부처님 말씀이 담겨 있으므로 마찬가지입니다. 낮은 곳에 두면 오염되기 쉽기 때문입니다.

8. 사경을 시작할 때, 그리고 사경을 한 다음에 합장하고 이 사경집의 끝에 있는 발원문을 쓰고 외우시면 좋습니다.

개경게 開經偈

무상심심미묘법　無上甚深微妙法
백천만겁난조우　百千萬劫難遭遇
아금문견득수지　我今聞見得受持
원해여래진실의　願解如來眞實義

최고로 깊고 미묘한 법(진리)을
백천만겁 지난들 어찌 만날 수 있으리.
제가 이제 듣고 보고 받아 지니니
부처님의 진실한 뜻 알아지이다.

개법장진언 開法藏眞言

옴 아라남 아라다
옴 아라남 아라다
옴 아라남 아라다

한글
사경

부모은중경

효행 기도 공덕

부모은중경

이와 같이 나는 들었다.

어느 때 부처님께서 사위국(舍衛國) 왕사성(王舍城)의 기수급고독원(祇樹給孤獨園)에서 이천오백 인의 대비구와 삼만팔천 인의 보살마하살들과 함께 계셨다.

그때 부처님께서는 대중들과 함께 남쪽으로 걸어가시다가 마른 뼈한 무더기를 보시자 오체를 땅에 대고 마른 뼈에 예배하셨다. 이에 제자 아난과 대중들이 여쭈었다.

"세존이시여, 여래께서는 삼계(三界: 욕계, 색계, 무색계)의 거룩한 스승이시며 사생[四生: 태(胎), 란(卵), 습(濕), 화(化)]의 자비하신 어버이십니다. 많은 중생들이 부처님께 귀의하고 공경하옵거늘 어찌하여 이 마른 뼈에 예배하시옵니까?"

부처님께서 아난에게 말씀하셨다.

"그대가 비록 나의 뛰어난 제자이며 출가하여 오래 수행하였지만,

아직 아는 것은 넓지 못하구나. 이
한 무더기의 뼈는 혹시 여러 생을
거치는 동안 내 조상이거나 부모의
뼈일 수도 있기 때문에, 내 이제 예
배를 하는 것이니라."
부처님께서 다시 아난에게 말씀하
셨다.
"그대가 이 한 무더기 마른 뼈를
둘로 나누어 보아라. 만일 남자의
뼈라면 희고 무거울 것이며 여자의
뼈라면 검고 가벼울 것이니라."
아난이 부처님께 말씀드렸다.
"세존이시여, 남자는 살아 있을 때

는 의관(衣冠)과 신발에서 남자라는 것을 알 수 있고, 그리고 여인은 화장을 하고 향수를 바르기 때문에 여인이라는 것을 알 수 있습니다. 그러나 백골은 남녀가 마찬가지인데 제가 어떻게 구분할 수 있겠습니까?"

부처님께서 아난에게 말씀하셨다.

"만약 남자라면 살아 있을 때 절에 가서 법문도 듣고 경전을 독송하며 삼보(三寶)께 예배도 하며 부처님의 명호도 염송하였을 것이다. 그러므로 그 사람의 뼈는 희고 무거우니라.

그러나 여인은 감정의 기복이 심하고 아들을 낳고 딸을 기르되 한 번 아이를 낳을 때마다 많은 피를 흘리며 아기에게도 많은 젖을 먹여야 한다. 그러므로 여인의 뼈는 검고 가벼우니라."

아난은 부처님 말씀을 듣고 가슴이 도려내는 듯하였다. 아난은 슬프게 울면서 부처님께 말씀드렸다.

"세존이시여, 어머니의 은혜를 어떻게 보답할 수 있겠습니까?"

부처님께서 아난에게 말씀하셨다.

"그대는 지금부터 자세히 듣고 잘 생각하여라. 내가 그대를 위해 분별하여 해설하리라.

어머니가 아기를 잉태하면 열 달 동안 큰 고통을 받느니라. 아기를 잉태한 첫 달에는 그 기운이 마치 풀잎 위의 이슬과 같아서 아침에 잠시 괜찮지만 저녁에는 보존할 수 없으니 이른 새벽에는 피가 모였다가 오후가 되면 흩어져 가느니라.

어머니가 아기를 잉태한 지 두 달이 되면 마치 우유를 끓였을 때 엉긴 모양과 같느니라.

어머니가 아기를 잉태한 지 석 달이 되면 그 기운이 마치 엉긴 피와 같느니라.

어머니가 아기를 잉태한 지 넉 달이 되면 점차 사람의 모양을 이루고, 다섯 달이 되면 아기는 다섯 부분의 모양을 갖추게 되나니 무엇을 다섯 부분의 모양이라고 하는가?

머리가 한 부분이며, 두 팔꿈치까지 합해 세 부분이며 두 무릎을 합해서 다섯 부분이라고 하느니라.

어머니가 아기를 잉태한 지 여섯 달이 되면 어머니 뱃속에서 아기의 여섯 가지 정기(精氣)가 열리나니 여섯 가지 정기란 눈이 첫째 정기요, 귀가 둘째 정기이며, 코가 셋째 정기요, 입이 넷째 정기이며, 혀가 다섯째 정기이며, 뜻(생각)이 여섯째 정기이니라.

어머니가 아기를 잉태한 지 일곱 달이 지나면 아기는 어머니 뱃속에서 삼백육십 뼈마디와 팔만사천 모공을 이루게 되느니라.

어머니가 아기를 잉태한 지 여덟

달이 되면 아기의 뜻과 피가 생기고 그 아홉 가지 기관이 크게 자라게 되느니라.

어머니가 아기를 잉태한 지 아홉 달이 되면 아기는 어머니 뱃속에서 무엇인가를 먹게 되나니 이때 어머니는 복숭아와 배, 마늘은 먹지 말고 오곡만을 먹어야 하느니라.

어머니의 생장(生藏: 염통, 간, 비장, 폐)은 아래로 향하고 숙장(熟藏: 위장과 신장)은 위로 향하여 있는데 그 사이에 산이 하나 있으되 세 가지 이름이 있느니라. 첫째 이름은 수미산이요, 둘째 이름은 업산(業山)이요, 셋째 이름은 혈산(血山)이다. 이 산이 한 번 무너져서 변하면 한 줄기 엉긴 피가 되어서 아기의 입속으로 흘러들어 가느니라.

어머니가 아기를 잉태한 지 열 달이 되면 바야흐로 아기가 태어나게 되나니 만약 효성스럽고 순한 아들이라면 주먹을 쥐어 합장하고 나와서 어머니의 몸을 상하지 않게 한다.

만약 오역죄(五逆罪)를 범할 아들

이라면 어머니의 포태(胞胎)를 제치고 손으로는 어머니의 간과 염통을 움켜쥐고 다리로는 어머니의 엉덩이 뼈를 밟아서 어머니는 마치 일천 개의 칼로 배를 저미고 일만 개의 칼날로 염통을 쑤시는 듯한 고통을 느끼게 된다.

이와 같이 어머니를 고통스럽게 하고 이 몸이 태어났음에도 불구하고 그 위에 또 열 가지 은혜가 있느니라.

첫째는 아기를 잉태하고 보호해 주신 은혜.

많은 겁(劫, 무수한 세월) 동안 은혜가 지중하여 금생에 어머니 몸에 의탁했네.

날이 가고 달이 차서 오장(五臟)이 생기고, 일곱 달이 되어서 여섯 가지[六情]가 생겼어라. [육정: 희(喜), 로(怒), 애(哀), 락(樂), 애(愛), 오(惡: 증오심)]

어머니 몸 무겁기는 산악(山岳)과 같고, 가나오나 서고 앉고 풍(風: 바람)이 두려우며, 아름다운 비단옷도 입지 못하고, 화장하던 거울에는 먼지만 쌓였도다.

둘째는 아기를 낳을 때 고통 받으신 은혜.

아기를 잉태한 지 열 달이 되어서 힘든 해산날이 다가오니 아침마다 중병에 걸린 것처럼 걱정 되고 날마다 정신이 흐릿해 지는구나.

두렵고 떨려오는 마음을 어찌하나 근심은 눈물 되어 가슴에 가득하네. 걱정이 끝없어 친척에게 말하기를 마침내 죽지 않나 두렵기만 하네.

셋째는 아기를 낳고서 근심을 잊으신 은혜.

자비하신 어머니 그대를 낳으신
날, 오장육부가 모두 쪼개지는 듯
하고 육신이나 마음이 모두 다 기
절하고 마치 짐승 잡은 자리인 듯
피를 흘렸어도 낳은 아기 씩씩하
고 어여쁘다는 말 들으면 기쁘고
도 기쁜 마음 무엇으로 비유할까?
기쁜 마음 정해지면 또다시 슬픈
마음 괴롭고도 아픈 것이 온몸에
사무치네.
넷째는 입에 쓴 것은 삼키고 단 것
은 뱉어서 먹이시던 은혜.
무겁고도 깊은 것이 부모님의 크신

은혜, 사랑하고 보살피심이 한결
같이 끊임없네.
맛있는 음식은 자식 위해 안 드시
고 쓴 음식만 드시면서도 기쁜 표
정 잃지 않으시네.
자식 사랑 깊어 정은 끝없으시고
지중하신 은혜, 자식 걱정 크시어
어린 아기에게 잘 먹일 것을 생각
하니 자비하신 어머니는 굶주려도
기쁜 마음
다섯째는 따뜻하고 마른 자리는
아기를 눕히고 스스로 추운 곳, 젖
은 자리로 나아가신 은혜.

어머니 당신 몸은 젖은 자리 누우
시고 아기는 받들어서 마른자리
눕히시네.
가슴의 두 젖으로 목마름을 채워
주고 고우신 소매로는 찬바람을
가려주네.
아기를 돌보시어 잠들 때가 없으셔
도 아기의 재롱으로 큰 기쁨을 삼
으시네.
오로지 어린 아기 편안할 것 생각
하고 어머니 자비하심 편안함도 잊
으셨네.
여섯째는 젖을 먹여 기르시는 은혜.

어머니의 중한 은혜 땅보다 크고
아버님의 높은 은덕 하늘보다 크
네.
하늘과 땅의 은혜 아무리 크다 해
도 아버지와 어머니의 은혜는 그보
다 더 크네.
아기 비록 눈 없어도 미워함 없으
시고 손과 발이 불구라도 싫어함
이 없으시네.
배 가르고 피를 나눠 친히 낳은 자
식이라 종일토록 아끼시고 사랑하
심 한량없네.
일곱째는 더러움을 깨끗이 씻어주

신 은혜.

생각컨대 그 옛날의 아름답던 그 얼굴과 아리따운 그 몸매는 곱기만 하셨었네.

두 눈썹은 푸른 버들 기른 듯하셨고 두 뺨의 붉은빛은 연꽃을 닮으신 듯하셨네.

자식 기르느라 아름다운 모습 시들고 똥오줌 씻느라고 맑은 얼굴 상하셨네.

한결같이 아들딸만 사랑하고 거두시다 자비하신 어머니의 얼굴마저 시드셨네.

여덟째는 먼 길 떠난 자식 염려하고 생각하시는 은혜.

죽어서 헤어짐도 슬프고 괴롭지만 살아서 헤어짐은 더욱더 서러워라.

자식이 집을 나가 먼 길을 떠나가니 어머니 모든 생각 타향에 나가 있네.

주야로 그 마음은 아들을 따라가고 흐르는 눈물 줄기 천 줄기 만 줄기네.

원숭이가 달을 보고 새끼 생각에 울부짖듯 간장은 염려하는 생각으로 다 끊어지네.

아홉째는 자식 위해 나쁜 짓도 감히 하시는 은혜
부모님의 크신 은혜 강산(江山)같이 무거워서 깊고 깊은 그 은덕은 실로 갚기 어려워라.
자식들의 괴로움은 대신 받기 원하시고 자식들이 고생하면 부모 마음 편치 않네.
자식들이 머나먼 길 떠나가 있으면 잘 있는가 춥잖은가 밤낮으로 근심하고 자식들이 잠시라도 괴로운 일 당할 때면 어머니의 그 마음은 오랫동안 아프시네.

열째는 끝없이 자식을 사랑하시는 은혜.

부모님의 크신 은혜 깊고도 지중하네. 크신 사랑 잠시라도 그칠 새 없으시니 일어서고 앉더라도 그 마음 따라가고 멀더라도 가까워도 크신 뜻 함께 있네.

어머니의 나이 높아 일백 살 되었어도 여든 살 된 그 아들을 언제나 걱정하네.

이와 같이 크신 사랑 어느 때 끊이실까. 목숨이나 다하시면 그때나 쉬게 될까.

부처님께서 아난에게 말씀하셨다.
"내가 중생들을 보건대 모양은 비록 사람이지만 마음과 행실이 어리석고 어두워서 부모님의 크신 은혜를 생각하지 아니하고 부모님을 공경하는 마음을 내지 않으며 은혜를 저버리고 덕을 배반하며 자비한 마음이 없어서 효도하지 아니하며 의리를 저버리는 중생들이 많으니라.

어머니가 아기를 잉태한 열 달 동안은 일어서고 앉는 것이 불편해서 마치 무거운 짐을 진 사람과 같고 음식이 잘 소화되지 못하여 큰 병에 걸린 것과 같으니라. 달이 차서 아기를 낳을 때는 많은 고통을 받으며, 잠깐이라도 잘못되면 죽게 되며 출혈이 심하느니라.

이와 같은 고통을 겪고 자식을 낳은 후에는 맛 없는 것은 자신이 먹고, 맛 있는 것은 아기에게 먹이며 품에 안아서 기르느니라.

더러운 것은 깨끗이 씻어내고 아무리 힘들고 괴로워도 싫어하지 않으며, 더운 것도 참고 추운 것도 참아내며, 고생되는 일을 사양하지 않아서 마른 자리에는 아기를 눕히고, 젖은 자리에는 어머니가 눕느니라.

아기는 삼 년 동안 어머니의 흰 젖을 먹고 자라며, 동자가 되고 점점 나이가 들면 예절과 도의를 가르치며, 장가를 들이고 시집을 보내며, 벼슬도 시키고 직업을 갖게 하느니라.

또 수고하여 가르치고 정성을 다하여 기르는 일이 끝나더라도 부모의 은혜로운 정은 끊임이 없어서 자식들이 병이 나면 부모도 함께 병이 나고 자식의 병이 나으면 비로소 부모의 병도 낫느니라.

이와 같이 양육하여 빨리 어른이 되기를 바라지만, 자식은 장성한 뒤에는 오히려 부모님께 효도하지 않느니라. 친척 어른들을 대하는 태도가 불경스럽고 심지어 눈을 흘기거나 눈알을 부라리며 부모와 형제도 속이고 업신여기느니라.

형제간에 때리고 욕하며 친척들을 헐뜯고 예절과 의리를 저버리며, 부모의 가르침도 따르지 아니하고 부모의 말씀도 따르지 않느니라.

형제간의 약속도 짐짓 지키지 않고 출입하거나 왕래도 어른께 아뢰지 않으며, 말과 행실이 어긋나서 스스로 교만하고 함부로 일을 처리하느니라.

부모는 자식을 가르치고 훈계하고 백부나 숙부들도 타이르지만, 자식은 점점 장성하면서 더욱 거칠어지고 잘못되느니라. 잘못을 타이르면 오히려 화를 내고 원망하며, 착한 벗을 버리고 악한 사람을 가까이하게 되느니라.

이러한 습관이 계속되어 성격을 이

루게 되니 드디어 나쁜 짓을 꾸미고 남의 꾀임에 빠져 타향으로 도망하기도 하느니라.

이와 같이 부모를 등지고 혹은 장삿길로 나가기도 하고 전쟁에 나가기도 하여 이럭저럭 지내다가 장가를 들게 되면 이것이 장애가 되어 오랫동안 집에 돌아오지 않느니라.

혹은 타향에서 사는 동안 조심하지 않다가, 나쁜 이의 꾀임에 빠져 횡액을 만나 잡힌 몸이 되어 이리저리 끌려다니기도 하고, 억울하게 형벌을 받아 감옥에 갇혀서 목에 칼을 쓰고 발목에 쇠사슬을 차기도 하며, 혹은 병을 얻어 고난을 당하거나 모진 액난을 만나서 고통스럽고, 굶주려도 아무도 돌봐주는 사람이 없게 되느니라.

또한 남의 미움과 천대를 받아 길거리에 헤매다가 마침내 죽게 되어도 아무도 그를 보살펴주는 사람이 없고 이윽고 죽게 되어 시체가 썩고 볕에 쪼이고 바람에 흘어져서 백골이 타향땅에 굴러 다니게 되어 친척들과 영원히 만날 수 없게 되고 마느니라.

이때 부모의 마음은 자식을 위해 오랫동안 근심하고 걱정하다가 혹은 피눈물로 울다가 눈이 어두워져서 마침내 눈이 멀기도 하며, 혹은 너무 슬퍼하다가 기운이 다하여 병들기도 하느니라.

자식 생각에 몸이 쇠약해져서 마침내 죽으면 외로운 혼이 되어서도 끝내 자식 생각을 잊어버리지 못하느니라.

또한 자식이 효도와 의리를 따르지 않고, 나쁜 무리들을 따라다니고 어울려서 거친 건달패가 되어, 무익

한 일들을 즐겨 배우고, 남을 때리고 싸우며, 도둑질을 하고, 마을의 풍속을 어기며 술 마시고 노름하면서 여러 가지 악업을 짓느니라.

이로 인해서 형제들에게도 누를 끼치고 부모님에게 큰 걱정을 주느니라. 새벽에 나가고 밤늦게 돌아와서 부모가 항상 걱정 근심하게 하느니라.

또한 부모가 어떻게 살고 계시는지, 춥고 더운 것도 모르는 체하고 초하루와 보름에도 문안드리지 아니하며, 부모를 길이 편안히 모실

것을 생각하지 아니하고 부모가
나이가 많아 몸이 쇠약하고 모양
이 파리하면 남이 볼까 부끄럽다
고 구박하고 모욕하느니라.
혹은 아버지가 홀로 되거나 어머
니가 홀로 되어 혼자서 빈 방을 지
키게 되면, 마치 손님이 남의 집에
붙어 있는 것처럼 여겨서, 평상이
나 자리에 흙먼지가 쌓여도 한 번
도 닦아내지 않으며, 부모가 있는
방에 들어가 문안하거나 보살피는
일이 없느니라. 방이 춥거나 덥거
나 부모가 목이 마르거나 굶주려

도 아는 체를 하지 않느니라.

자식의 행실이 이러하니 부모는 밤낮으로 탄식하고 슬퍼하게 되느니라.

혹 맛있는 음식이 있으면 마땅히 부모님께 올려서 봉양해야 하거늘 매양 거짓으로 없는 체하고, 또 다른 사람들의 비웃음을 받으면서도 제 아내나 자식만 생각하니 이것이 못난 일임에도 불구하고 부끄러움을 모르느니라.

또한 아내와 첩과의 약속은 무슨 일이나 지키면서 어른의 말씀과 꾸

지람은 조금도 어렵게 여기거나 두
렵게 생각하지 않느니라.
혹은 딸자식으로서 시집가기 전에
는 효성스럽고 순했으나 시집을 간
이후에는 불효를 저지르기도 하느
니라.
부모가 조금만 꾸짖어도 화를 내고
원망하면서 제 남편이 꾸짖고 때리
면 참고 받으며 달게 여기느니라.
성이 다른 남편 쪽의 친척에게는
정이 깊고 사랑이 두터우면서 자기
의 친정은 오히려 멀리 하느니라.
혹 남편을 따라서 멀리 타향으로

옮겨가게 되면 부모와 이별하고서도 도무지 사모하는 생각이 없으며 소식을 끊고 편지도 내지 않아서 부모로 하여금 창자가 끊어지고 거꾸로 매달리는 고통을 받게 하며, 항상 딸의 얼굴을 보고 싶어하기를 마치 목마를 때 물을 생각하듯이 잠시도 끝날 날이 없게 하느니라.

부모의 은혜는 이와 같이 한량없고 끝이 없건만 이 은혜를 배반하고 가지가지로 불효하는 죄업은 다 말하기 어려우니라."

이때 여러 대중들은 부처님께서 부모의 은혜를 말씀하심을 듣고 몸을 일으켜 스스로 땅에 부딪쳐 통곡하다가 한참만에 깨어나서 큰 소리로 부르짖으며 말했다.

"아아, 슬프고 슬프도다. 우리들은 이제야 큰 죄인임을 알았습니다. 지금까지 깨닫지 못하고 캄캄한 어둠 속에서 헤매는 것 같더니 이제 잘못됨을 깨닫고 보니 가슴속이 부서지는 것 같습니다. 바라옵나니 세존이시여, 저희들을 불쌍히 여기시어 구원하여 주옵소서.

어떻게 하면 부모의 깊은 은혜를 갚을 수 있겠습니까?"

그때 여래께서는 곧 여덟 가지 깊고 장중하고 청정한 음성으로 여러 대중들에게 설법하셨다.

"그대들은 분명히 알지어다. 내 이제 그대들을 위하여 자세하게 말해 주리라.

가령 어떤 사람이 있어서 오른쪽 어깨에 어머니를 업고서 수미산을 백천 번 돌아 피부가 닳고 골수가 드러나더라도 결코 부모의 깊은 은혜는 다 갚을 수 없느니라.

또한 어떤 사람이 흉년을 만나 자신의 살을 도려내어 티끌같이 잘게 잘리는 고통을 받으며 공양하기를 백천 겁(劫) 동안 계속하더라도 결코 부모님의 깊은 은혜는 다 갚지 못하느니라.

또한 어떤 사람이 부모를 위해서 날카로운 칼로 자기의 소중한 눈동자를 도려내어 부처님께 바치기를 백천 겁 동안 계속하더라도 결코 부모님의 깊은 은혜는 다 갚지 못하느니라.

또한 가령 어떤 사람이 부모를 위

하여 백천 자루의 칼로 자기의 몸을 찔러 칼날이 좌우로 드나들기를 백천 겁 동안 계속한다고 하더라도 결코 부모님의 깊은 은혜는 다 갚지 못하느니라.

또한 어떤 사람이 부모를 위하여 자기의 몸에 불을 붙여 등을 만들어 부처님께 백천 겁 동안 공양한다고 하더라도 부모님의 깊은 은혜는 오히려 다 갚지 못하느니라.

또한 어떤 사람이 부모를 위하여 뼈를 부숴 골수를 드러내며 백천 개의 칼과 창으로 일시에 자기의

몸을 쑤시기를 백천 겁 동안 계속
한다고 하더라도 결코 부모님의 깊
은 은혜는 다 갚지 못하느니라.
또한 어떤 사람이 부모를 위하여
뜨거운 무쇠 덩어리를 삼켜 백천
겁이 지나도록 온 몸이 데어 부풀
어 오를지라도 결코 부모님의 깊은
은혜는 다 갚지 못하느니라."

이때 여러 대중들은 부처님께서 부
모의 은혜가 깊고 깊다고 설하심
을 듣고 슬피 울면서 다시 부처님
께 말씀드렸다.

"세존이시여, 저희들은 진실로 큰 죄인임을 알았습니다. 어떻게 하면 부모님의 깊은 은혜를 다 갚을 수 있겠습니까?"

부처님께서 제자들에게 말씀하셨다.

"부모의 은혜에 보답하려는 사람들은 부모를 위해서 이 경을 서사(書寫: 경을 베껴 쓰는 것)하며, 부모를 위해서 이 경을 읽고 외우며(독송) 부모를 위해서 죄업과 허물을 참회하며, 부모를 위하여 불법승 삼보 전에 공양하며, 부모를 위하여 재계(齋戒: 몸과 마음을 깨끗이 하는 것)를 받아 지키며, 부모를 위하여 보시(布施)하고 공덕을 지어야 하느니라.

자식이 밖에서 햇과일을 얻거든 집으로 가지고 와서 부모에게 올려야 하나니, 부모가 이것을 얻어 기뻐하며 혼자만 먹을 수 없어서 먼저 삼보께 올려 공양하면 곧 보리심(菩提心: 진리를 구하는 마음)을 일으키게 되느니라.

부모가 병이 나면 곁을 떠나지 말고 직접 간호할지어다. 주야로 삼보께 귀의하고 부모의 병이 낫기를 축원하고 잠시라도 은혜를 잊어서는 안 되느니라.

부모가 완고하여 삼보를 받들지 않으며, 어질지 못하여서 남의 재물을 상하게 하고, 의롭지 못하여 남의 재물을 훔치고, 예의가 없어서 몸가짐을 단정히 하지 못하며, 신의가 없어서 남을 속이며, 지혜가 없어서 술을 즐겨 마시면 자식은 그 잘못을 말하며 부모님을 깨우치게 하여야 하느니라. 그래도 깨우침이 없으면 눈물로써 호소하

고 스스로 식음을 전폐해야 할 것
이니라.

부모가 비록 완고하다고 할지라도
자식이 죽는 것은 두려워하므로
은애(恩愛)의 정에 못이겨 바른 길
로 나아가게 되느니라.

부모가 마침내 오계(五戒)를 받들
어 자비를 깨우쳐 살아있는 생명을
죽이지 않으며, 바름을 알아 남의
재물을 훔치지 않으며, 예절을 알
아 방탕하지 않으며, 믿음을 알아
속이지 않으며, 지혜를 알아 술에
취하지 않으면 이승에서는 편안한

삶을 누리고 저승에서는 극락세계에 태어나 부처님을 뵈옵고 법문을 들어 지옥의 괴로움에서 영원히 벗어나게 될 것이니라.

만약 능히 이렇게 실천하면 효성스럽고 착한 자손이라 할 것이요, 이렇게 실천하지 않으면 지옥에 떨어질 중생이라 할 것이니라.

부처님께서 다시 아난에게 말씀하셨다.

"불효를 저지른 자식은 몸이 허물어져서 죽게 되면 무간지옥(無間地獄)에 떨어지느니라. 무간지옥은

길이와 넓이가 팔만 유순(由旬)이
며 사면에 무쇠로 된 성이 둘러싸
여져 있다.

그 성의 하늘에는 쇠그물로 덮여
있으며 땅 위에는 붉은 쇠가 깔려
있어서 뜨거운 불길이 활활 타오
르고 맹렬한 불꽃이 우레같이 타
오르고 번개처럼 반짝이느니라.

이 지옥에서는 끓는 구리와 무쇳
물을 죄인의 입에 부어 넣으며 무
쇠로 된 뱀과 구리로 된 개가 항상
연기와 불꽃을 토하면서 죄인을
물어 뜯고 지지고 구워서 죄인의

살은 불에 타고 기름에 끓어 참으로 견딜 수 없는 고통을 받게 되느니라. 또 그 위에 쇠채찍과 쇠망치, 칼과 칼날이 돌개바람처럼 몰아치고 비나 구름처럼 쏟아져 내려와서 찌르고 베이느니라.

이와 같은 고통은 겁이 지나도록 그치지 아니하느니라. 또 다시 이 죄인들은 다른 지옥으로 들어가서 머리에 불화로를 이고 쇠로 만든 수레로 사지를 찢어서 창자와 뼈, 살이 불타고 사방으로 찢기어 하루 동안에 천 번 살아나고 만 번

죽게 되느니라.

이와 같은 고통을 겪게 되는 것은 모두 전생에 범한 오역죄(五逆罪)와 불효의 업보 때문이니라."

이때 여러 대중들이 부처님께서 설하신 부모의 은혜에 관한 말씀을 듣고 눈물을 흘리고 슬피 울면서 말했다.

"저희들이 이제 어떻게 해야 부모님의 깊은 은혜를 갚을 수 있겠습니까?"

부처님께서 제자들에게 말씀하셨

불교전문 출판사 민족사 사경 시리즈 특징
(민족사 02-732-2403~4)

"이 경전(금강경)을 베껴 쓰고(書寫), 받아 지니고(受持), 읽고 외우고(讀誦),
나아가 다른 이들에게 설명해 준다면 그 공덕은 이루 말할 수가 없느니라."(금강경)

첫 번째, 가장 큰 특징은 글씨가 크고, 한 권 속에 번역(한글)과 원문(한문), 그리고 한자 독음(讀音)까지 달려 있다는 것입니다. 글씨도 붓글씨 서체인 궁서체로 편집되어 있어서 사경을 하기가 매우 좋고, 인쇄 농도 조절을 잘 맞추어서 사경은 물론 독송도 충분히 가능하다는 것입니다.

두 번째, 앞부분에 '사경 공덕과 의미에 대하여', '사경 자세와 마음가짐', 사경 방법, 사경 시 주의 사항, 그리고 사경을 마친 뒤에 하는 '사경 공덕 발원문'이 끝에 첨부되어 있습니다. 그래서 혼자서도 누구나 사경을 할 수 있도록 이끌어 주고 있습니다. 특히 '사경의 목적'과 '사경의 공덕' 등 자세한 안내는 처음 혼자 사경을 하는 불자들에게 확실한 길잡이가 되고 있습니다.

세 번째, 책장이 잘 넘어갈 수 있도록 제본(실 제책)되어 있습니다. 책장이 잘 넘어가지 않으면 사경을 하는 데 매우 불편합니다. 이것이 민족사 사경용 경전의 장점입니다.

네 번째, 표지 디자인이 매우 좋습니다. 표지에는 불교의 이미지를 담고 있고 색상도 밝고 산뜻해서 선물용으로도 손색이 없습니다.

누구나 사경 방법과 의미, 주의 사항 등을 숙지한 다음 정성을 다해 한 자 한 자 쓰고 읽으면 근심, 걱정 등 번뇌가 사라지고 마음의 평안을 얻게 됩니다. 동시에 부처님께서 말씀하신 경전을 사경(寫經), 독송하면 그 공덕으로 인하여 모든 액난을 물리칠 수 있고 어려움을 극복하게 됩니다. 이것이 사경의 가장 큰 공덕입니다.

	민족사 사경 시리즈	주 제	가 격
❶	금강반야바라밀경(한글)	지혜 성취 기도 공덕	8,500원
❷	금강반야바라밀경(한문)		8,000원
❸	아미타경(한글·한문)	극락왕생 기도 공덕	7,500원
❹	관세음보살보문품(한글·한문)	고난 소멸 기도 공덕	7,500원
❺	부모은중경(한글·한문)	효행 기도 공덕	8,500원

*기타 경전도 계속 간행 예정입니다.

다.

"부모의 은혜에 보답하고자 할진
대 부모의 은혜를 위하여 경전을
거듭 널리 펴라. 이것이 참으로 부
모의 은혜를 갚는 것이니라.

경전 한 권을 이 세상에 보시하면
한 부처님을 뵈올 수 있으며, 열 권
을 보시하면 열 부처님을 뵈올 수
있느니라. 백 권을 보시하면 백 부
처님을 뵈올 수 있으며, 천 권을 세
상에 보시하거나 전하면 천 부처
님을 뵈올 수 있고 만 권을 보시하
거나 전하면 만 부처님을 뵈올 수

있느니라.

이 사람들은 경전을 세상에 펴는 공덕으로 여러 부처님들이 항상 오셔서 옹호하나니 그 사람의 부모는 천상에 태어나게 되어 여러 가지 즐거움을 받으며 지옥의 고통에서 영원히 벗어나게 되느니라."

그때 여러 대중들과 함께 있던 아수라(阿修羅), 가루라(迦樓羅), 마후라가(摩睺羅迦), 인비인(人非人) 등과 천(天), 용(龍), 야차(夜叉), 건달바(乾闥婆)와 또한 여러 작은 나

라의 왕들과 전륜성왕(轉輪聖王) 등의 여러 대중들이 부처님의 말씀을 듣고 모두 서원을 발하여 말했다.

"저희들은 오는 세상이 다할 때까지, 이 몸을 부수어 먼지를 만들어 백천 겁이 지날지라도 부처님의 거룩하신 가르침을 어기지 않겠습니다.

또 차라리 백천 겁 동안 혀를 백 유순의 길이로 베어내고 이것을 쇠보습으로 갈아서 피가 시냇물처럼 흘러 내리더라도 부처님의 거룩하신 가르침을 어기지 않겠습니다.

또 차라리 백천 자루의 칼로써 이 몸을 좌우에서 찌르더라도 부처님의 거룩하신 가르침을 어기지 않겠습니다.

또 차라리 쇠그물로 이 몸을 얽어서 백천 겁을 지나더라도 부처님의 거룩하신 가르침을 어기지 않겠습니다.

또 차라리 작두와 방아로 이 몸을 찢고 부수어 백천만 조각이 나고 살, 힘줄과 뼈가 모두 가루가 되어 떨어져 나가기를 백천 겁이 지나더라도 마침내 부처님의 가르침을 어기지 않겠습니다."

이때 아난이 부처님께 말씀드렸다. "세존이시여, 이 경의 이름은 무엇이며 저희들은 어떻게 받아지녀야 하겠습니까?"
부처님께서 아난에게 말씀하셨다. "이 경의 이름은 대보부모은중경(大報父母恩重經)이라 할 것이니 그대들은 이 이름으로 항상 받들어 지닐지니라."

그때 천신과 사람과 아수라 등 여러 대중들이 부처님의 말씀을 듣고 모두 크게 기뻐하면서 믿고 받들어 지니며 행하면서 예배하고 물러갔다.

한문
사경

父母恩重經

효행 기도 공덕

불설부모은중경
佛說父母恩重經

如是我聞 一時 佛 在舍衛國 祇
여시아문 일시 불 재사위국 기

樹給孤獨園 與大比丘 二千五
수급고독원 여대비구 이천오

百人 菩薩摩訶薩 三萬八千人俱
백인 보살마하살 삼만팔천인구

爾時 世尊 引領大衆 直往南行
이시 세존 인령대중 직왕남행

忽見路邊 聚骨一堆 爾時 如來
홀견로변 취골일퇴 이시 여래

向彼枯骨 五體投地 恭敬禮拜
향피고골 오체투지 공경예배

阿難合掌 白言 世尊 如來是 三
아난합장 백언 세존 여래시 삼

界大師 四生慈父 衆人歸敬 以
계대사 사생자부 중인귀경 이

何因緣 禮拜枯骨
하인연 예배고골

佛告阿難 汝等 雖是吾上首弟子
불고아난 여등 수시오상수제자

出家日久 知事未廣 此一堆枯骨
출가일구 지사미광 차일퇴고골

或是我前世祖先　多生父母　以是
혹시아전세조선　다생부모　이시

因緣　我今禮拜　佛告阿難　汝今
인연　아금예배　불고아난　여금

將此　一堆枯骨　分做二分　若是
장차　일퇴고골　분주이분　약시

男骨　色白且重　若是女骨　色黑
남골　색백차중　약시여골　색흑

且輕
차경

阿難白言　世尊　男人在世　衫帶
아난백언　세존　남인재세　삼대

鞋帽　裝束嚴好　一望知爲　男子
혜모　장속엄호　일망지위　남자

之身　女人在世　多塗脂粉　或薰
지신　여인재세　다도지분　혹훈

蘭麝　如是裝飾　即得知是　女流
난사　여시장식　즉득지시　여류

之身　而今死後　白骨一般　教弟
지신　이금사후　백골일반　교제

子等　如何認得
자등　여하인득

佛告阿難　若是男子　在世之時
불고아난　약시남자　재세지시

入於伽藍　聽講經律　禮拜三寶
입어가람　청강경률　예배삼보

念佛名號　所以其骨　色白且重
염불명호　소이기골　색백차중

世間女人　短於智力　易溺於情
세간여인　단어지력　이익어정

生男育女　認爲天職　每生一孩
생남육녀　인위천직　매생일해

賴乳養命　乳由血變　每孩飮母
뢰유양명　유유혈변　매해음모

八斛四斗　甚多白乳　所以憔悴
팔곡사두　심다백유　소이초췌

骨現黑色　其量亦輕　阿難聞語
골현흑색　기량역경　아난문어

痛割於心　垂淚悲泣　白言世尊
통할어심　수루비읍　백언세존

母之恩德　云何報答
모지은덕　운하보답

佛告阿難　汝今諦聽　我當爲汝
불고아난　여금제청　아당위여

分別解說　母胎懷子　凡經十月
분별해설　모태회자　범경십월

甚爲辛苦　在母胎時　第一月中
심위신고　재모태시　제일월중

如草上珠　朝不保暮　晨聚將來
여초상주　조불보모　신취장래

午消散去　母懷胎時　第二月中
오소산거　모회태시　제이월중

恰如凝酥　母懷胎時　第三月中
흡여응소　모회태시　제삼월중

猶如凝血　母懷胎時　第四月中
유여응혈　모회태시　제사월중

71

稍作人形　母懷胎時　第五月中
초작인형　모회태시　제오월중

兒在母腹　生有五胞　何者爲五
아재모복　생유오포　하자위오

頭爲一胞　兩肘兩膝　各爲一胞
두위일포　양주양슬　각위일포

共成五胞　母懷胎時　第六月中
공성오포　모회태시　제육월중

兒在母腹　六精齊開　何者爲六
아재모복　육정제개　하자위육

眼爲一精　耳爲二精　鼻爲三精
안위일정　이위이정　비위삼정

口爲四精　舌爲五精　意爲六精
구위사정　설위오정　의위육정

72

母懷胎時　第七月中　兒在母腹
모회태시　제칠월중　아재모복

生成骨節　三百六十　及生毛乳
생성골절　삼백육십　급생모유

八萬四千　母懷胎時　第八月中
팔만사천　모회태시　제팔월중

生出意智　以及九竅　母懷胎時
생출의지　이급구규　모회태시

第九月中　兒在母腹　吸收食物
제구월중　아재모복　흡수식물

所出各質　桃梨蒜果　五穀精華
소출각질　도리산과　오곡정화

其母身中　生臟向下　熟臟向上
기모신중　생장향하　숙장향상

73

喻如地面　有山聳出　山有三名
유여지면　유산용출　산유삼명

一號須彌　二號業山　三號血山
일호수미　이호업산　삼호혈산

此設喻山　一度崩來　化爲一條
차설유산　일도붕래　화위일조

母血凝成　胎兒食料　母懷胎時
모혈응성　태아식료　모회태시

第十月中　孩兒全體　一一完成
제십월중　해아전체　일일완성

方乃降生　若是決爲　孝順之子
방내강생　약시결위　효순지자

擎拳合掌　安祥出生　不損傷母
경권합장　안상출생　불손상모

74

母無所苦　倘兒決爲　五逆之子
모무소고　당아결위　오역지자

破損母胎　扯母心肝　踏母跨骨
파손모태　차모심간　답모과골

如千刀攪　又彷彿似　萬刃攢心
여천도교　우방불사　만인찬심

如斯重苦　出生此兒　更分晰言
여사중고　출생차아　갱분석언

尚有十恩
상유십은

第一　懷胎守護恩　第二　臨産受
제일　회태수호은　제이　임산수

苦恩　第三　生子忘憂恩　第四　咽
고은　제삼　생자망우은　제사　인

苦吐甘恩　第五　迴乾就濕恩　第
고토감은　제오　회간취습은　제

六　哺乳養育恩　第七　洗濯不淨
육　포유양육은　제칠　세탁부정

恩　第八　遠行憶念恩　第九　深加
은　제팔　원행억념은　제구　심가

體恤恩　第十　究竟憐愍恩
체휼은　제십　구경연민은

第一　懷胎守護恩　頌曰
제일　회태수호은　송왈

累劫因緣重　今來托母胎　月逾
누겁인연중　금래탁모태　월유

生五臟　七七六精開　體重如山
생오장　칠칠육정개　체중여산

岳　動止劫風災　羅衣都不掛　妝
악　동지겁풍재　나의도부괘　장

鏡惹塵埃
경야진애

第二　臨産受苦恩　頌曰
제이　임산수고은　송왈

懷經十個月　難産將欲臨　朝朝
회경십개월　난산장욕림　조조

如重病　日日似昏沈　難將惶怖述
여중병　일일사혼침　난장황포술

愁淚滿胸襟　含悲告親族　惟懼
수루만흉금　함비고친족　유구

死來侵
사래침

第三 生子忘憂恩 頌曰
제삼 생자망우은 송왈

慈母生兒日　五臟總張開　身心
자모생아일　오장총장개　신심

俱悶絕　血流似屠羊　生已聞兒
구민절　혈유사도양　생이문아

健　歡喜倍加常　喜定悲還至　痛
건　환희배가상　희정비환지　통

苦徹心腸
고철심장

第四 咽苦吐甘恩 頌曰
제사 인고토감은 송왈

父母恩深重　顧憐沒失時　吐甘無
부모은심중　고연몰실시　토감무

稍息 咽苦不矉眉 愛重情難忍
초식 인고불빈미 애중정난인

恩深復倍悲 但令孩兒飽 慈母
은심부배비 단령해아포 자모

不辭饑
불사기

第五 迴乾就濕恩 頌曰
제오 회간취습은 송왈

母願身投濕 將兒移就乾 兩乳
모원신투습 장아이취간 양유

充饑渴 羅袖掩風寒 恩憐恆廢
충기갈 나수엄풍한 은련긍폐

枕 寵弄繞能歡 但令孩兒穩 慈
침 총롱재능환 단령해아온 자

79

母不求安
모불구안

第六 哺乳養育恩 頌曰
제육 포유양육은 송왈

慈母像大地　嚴父配於天　覆載
자모상대지　엄부배어천　복재

恩同等　父娘恩亦然　不憎無怒
은동등　부낭은역연　부증무노

目　不嫌手足攣　誕腹親生子　終
목　불혐수족련　탄복친생자　종

日惜兼憐
일석겸련

第七 洗滌不淨恩 頌曰
제칠 세척부정은 송왈

本是芙蓉質　精神健且豊　眉分
본시부용질　정신건차풍　미분

新柳碧　臉色奪蓮紅　恩深摧玉
신류벽　검색탈련홍　은심최옥

貌　洗濯損盤龍　只爲憐男女　慈
모　세탁손반룡　지위련남녀　자

母改顔容
모개안용

第八 遠行憶念恩 頌曰
제팔 원행억념은 송왈

死別誠難忍　生離實亦傷　子出
사별성난인　생리실역상　자출

關山外　母憶在他鄕　日夜心相
관산외　모억재타향　일야심상

隨　流淚數千行　如猿泣愛子　寸
수　유루삭천항　여원읍애자　촌

寸斷肝腸
촌단간장

第九　深加體恤恩　頌曰
제구　심가체휼은　송왈

父母恩情重　恩深報實難　子苦
부모은정중　은심보실난　자고

願代受　兒勞母不安　聞道遠行
원대수　아로모불안　문도원행

去　憐兒夜臥寒　男女暫辛苦　長
거　연아야와한　남녀잠신고　장

使母心酸
사모심산

第十 究竟憐愍恩 頌曰
제십 구경연민은 송왈

父母恩深重 恩憐無歇時 起坐
부모은심중 은련무헐시 기좌

心相逐 近遙意與隨 母年一百
심상축 근요의여수 모년일백

歲 常憂八十兒 欲知恩愛斷 命
세 상우팔십아 욕지은애단 명

盡始分離
진시분리

佛告阿難 我觀眾生 雖紹人品
불고아난 아관중생 수소인품

心行愚蒙 不思爹娘 有大恩德
심행우몽 부사다낭 유대은덕

不生恭敬　忘恩背義　無有仁慈
불생공경　망은배의　무유인자

不孝不順　阿娘懷子　十月之中
불효불순　아낭회자　십월지중

起坐不安　如擎重擔　飲食不下
기좌불안　여경중담　음식불하

如長病人　月滿生時　受諸痛苦
여장병인　월만생시　수제통고

須臾產出　恐已無常　如殺豬羊
수유산출　공이무상　여살저양

血流遍地　受如是苦　生得兒身
혈류변지　수여시고　생득아신

咽苦吐甘　抱持養育　洗濯不淨
열고토감　포지양육　세탁부정

不憚劬勞　　忍寒忍熱　　不辭辛苦
불탄구로　　인한인열　　불사신고

乾處兒臥　　濕處母眠　　三年之中
간처아와　　습처모면　　삼년지중

飮母白血　　嬰孩童子　　乃至成年
음모백혈　　영해동자　　내지성년

敎導禮義　　婚嫁營謀　　備求資業
교도예의　　혼가영모　　비구자업

攜荷艱辛　　懃苦百倍　　不言恩惠
휴하간신　　근고백배　　불언은혜

男女有病　　父母驚憂　　憂極生病
남녀유병　　부모경우　　우극생병

視同常事　　子若病除　　母病方癒
시동상사　　자약병제　　모병방유

如斯養育　願早成人　及其長成
여사양육　원조성인　급기장성

反爲不孝　尊親與言　不知順從
반위불효　존친여언　부지순종

應對無禮　惡眼相視　欺凌伯叔
응대무례　악안상시　기릉백숙

打罵兄弟　毀辱親情　無有禮義
타매형제　훼욕친정　무유예의

雖曾從學　不遵範訓　父母教令
수증종학　부준범훈　부모교령

多不依從　兄弟共言　每相違戾
다불의종　형제공언　매상위려

出入來往　不啟尊堂　言行高傲
출입래왕　불계존당　언행고오

86

擅意爲事　父母訓罰　伯叔語非
천의위사　부모훈벌　백숙어비

童幼憐愍　尊人遮護　漸漸成長
동유련민　존인차호　점점성장

狠戾不調　不伏虧違　反生瞋恨
한려부조　불복휴위　반생진한

棄諸親友　朋附惡人　習久成性
기제친우　붕부악인　습구성성

認非爲是　或被人誘　逃往他鄉
인비위시　혹피인유　도왕타향

違背爹娘　離家別眷　或因經紀
위배다낭　이가별권　혹인경기

或爲政行　荏苒因循　便爲婚娶
혹위정행　임염인순　변위혼취

87

由斯留礙　久不還家　或在他鄉
유사류애　구불환가　혹재타향

不能謹慎　被人謀害　橫事鉤牽
불능근신　피인모해　횡사구견

枉被刑責　牢獄枷鎖　或遭病患
왕피형책　뇌옥가쇄　혹조병환

厄難縈纏　囚苦饑羸　無人看待
액난영전　수고기리　무인간대

被人嫌賤　委棄街衢　因此命終
피인혐천　위기가구　인차명종

無人救治　膨脹爛壞　日暴風吹
무인구치　팽창란괴　일포풍취

白骨飄零　寄他鄉土　便與親族
백골표령　기타향토　편여친족

歡會長乖　違背慈恩　不知二老
환회장괴　위배자은　부지이로

永懷憂念　或因啼泣　眼暗目盲
영회우념　혹인체읍　안암목맹

或因悲哀　氣咽成病　或緣憶子
혹인비애　기열성병　혹연억자

衰變死亡　作鬼抱魂　不曾割捨
쇠변사망　작귀포혼　부증할사

或復聞子　不崇學業　朋逐異端
혹부문자　불숭학업　붕축이단

無賴粗頑　好習無益　鬪打竊盜
무뢰조완　호습무익　투타절도

觸犯鄕閭　飲酒樗蒲　姦非過失
촉범향려　음주저포　간비과실

帶累兄弟　惱亂爺娘　晨去暮還
대루형제　뇌란다낭　신거모환

不問尊親　動止寒溫　晦朔朝暮
불문존친　동지한온　회삭조모

永乖扶侍　安床薦枕　並不知聞
영괴부시　안상천침　병부지문

參問起居　從此間斷　父母年邁
참문기거　종차간단　부모년매

形貌衰羸　羞恥見人　忍受欺抑
형모쇠리　수치견인　인수기억

或有　父孤母寡　獨守空堂　猶若
혹유　부고모과　독수공당　유약

客人　寄居他舍　寒凍飢渴　曾不
객인　기거타사　한동기갈　증부

90

知聞　晝夜常啼　自嗟自歎　應奉
지문　주야상체　자차자란　응봉

甘旨　供養尊親　若輩妄人　了無
감지　공양존친　약배망인　요무

是事　每作羞慚　畏人怪笑　或持
시사　매작수참　외인괴소　혹지

財食　供養妻兒　忘厥疲勞　無避
재식　공양처아　망궐피로　무피

羞恥　妻妾約束　每事依從　尊長
수치　처첩약속　매사의종　존장

瞋呵　全無畏懼
진가　전무외구

或復是女　適配他人　未嫁之時
혹부시녀　적배타인　미가지시

91

咸皆孝順　婚嫁已訖　不孝遂增
함개효순　혼가이흘　불효수증

父母微瞋　卽生怨恨　夫婿打罵
부모미진　즉생원한　부서타매

忍受甘心　異姓他宗　情深眷重
인수감심　이성타종　정심권중

自家骨肉　卻以爲疏　或隨夫婿
자가골육　각이위소　혹수부서

外郡他鄕　離別爹娘　無心戀慕
외군타향　이별다낭　무심연모

斷絕消息　音信不通　遂使爹娘
단절소식　음신불통　수사다낭

懸腸掛肚　刻不能安　宛若倒懸
현장괘두　각불능안　완약도현

每思見面　如渇思漿　慈念後人
매사견면　여갈사장　자념후인

無有休息　父母恩德　無量無邊
무유휴식　부모은덕　무량무변

不孝之愆　卒難陳報
불효지건　졸난진보

爾時　大衆　聞佛所說　父母重恩
이시　대중　문불소설　부모중은

舉身投地　搥胸自撲　身毛孔中
거신투지　추흉자박　신모공중

悉皆流血　悶絶躄地　良久乃蘇
실개유혈　민절벽지　양구내소

高聲唱言　苦哉苦哉　痛哉痛哉
고성창언　고재고재　통재통재

我等今者　深是罪人　從來未覺
아등금자　심시죄인　종래미각

冥若夜游　今悟知非　心膽俱碎
명약야유　금오지비　심담구쇄

惟願世尊　哀愍救援　云何報得
유원세존　애민구원　운하보득

父母深恩
부모심은

爾時　如來　即以八種　深重梵音
이시　여래　즉이팔종　심중범음

告諸大衆　汝等當知　我今爲汝
고제대중　여등당지　아금위여

分別解說　假使有人　左肩擔父
분별해설　가사유인　좌견담부

右肩擔母　研皮至骨　穿骨至髓
우견담모　연피지골　천골지수

遠須彌山　經百千劫　血流沒踝
요수미산　경백천겁　혈류몰과

猶不能報　父母深恩　假使有人
유불능보　부모심은　가사유인

遭飢饉劫　爲於爹娘　盡其己身
조기근겁　위어다낭　진기기신

臠割碎壞　猶如微塵　經百千劫
연할쇄괴　유여미진　경백천겁

猶不能報　父母深恩　假使有人
유불능보　부모심은　가사유인

爲於爹娘　手執利刀　剜其眼睛
위어다낭　수집리도　완기안정

獻於如來　經百千劫　猶不能報
헌어여래　경백천겁　유불능보

父母深恩　假使有人　爲於爹孃
부모심은　가사유인　위어다낭

亦以利刀　割其心肝　血流遍地
역이리도　할기심간　혈류변지

不辭痛苦　經百千劫　猶不能報
불사통고　경백천겁　유불능보

父母深恩　假使有人　爲於爹孃
부모심은　가사유인　위어다낭

百千刀戟　一時刺身　於自身中
백천도극　일시자신　어자신중

左右出入　經百千劫　猶不能報
좌우출입　경백천겁　유불능보

父母深恩　假使有人　爲於爹娘
부모심은　가사유인　위어다낭

打骨出髓　經百千劫　猶不能報
타골출수　경백천겁　유불능보

父母深恩　假使有人　爲於爹娘
부모심은　가사유인　위어다낭

吞熱鐵丸　經百千劫　遍身焦爛
탄열철환　경백천겁　변신초란

猶不能報　父母深恩
유불능보　부모심은

爾時　大衆　聞佛所說　父母恩德
이시　대중　문불소설　부모은덕

垂淚悲泣　痛割於心　諦思無計
수루비읍　통할어심　체사무계

97

同發聲言　深生慚愧　共白佛言
동발성언　심생참괴　공백불언

世尊　我等今者　深是罪人　云何
세존　아등금자　심시죄인　운하

報得　父母深恩
보득　부모심은

佛告弟子　欲得報恩　爲於父母
불고제자　욕득보은　위어부모

書寫此經　爲於父母　讀誦此經
서사차경　위어부모　독송차경

爲於父母　懺悔罪愆　爲於父母
위어부모　참회죄건　위어부모

供養三寶　爲於父母　受持齋戒
공양삼보　위어부모　수지재계

爲於父母　布施修福　若能如是
위어부모　보시수복　약능여시

則得名爲　孝順之子　不做此行
즉득명위　효순지자　부주차행

是地獄人
시지옥인

佛告阿難　不孝之人　身壞命終
불고아난　불효지인　신괴명종

墮於阿鼻　無間地獄　此大地獄
타어아비　무간지옥　차대지옥

縱廣八萬由旬　四面鐵城　周圍羅網
종광팔만유순　사면철성　주위라망

其地亦鐵　盛火洞然　猛烈火燒
기지역철　성화통연　맹렬화소

雷奔電爍　烊銅鐵汁　澆灌罪人
뇌분전삭　양동철즙　요관죄인

銅狗鐵蛇　恆吐煙火　焚燒煮炙
동구철사　긍토연화　분소자자

脂膏焦燃　苦痛哀哉　難堪難忍
지고초연　고통애재　난감난인

鉤竿槍槊　鐵鏘鐵串　鐵槌鐵戟
구간창삭　철장철곳　철퇴철극

劍樹刀輪　如雨如雲　空中而下
검수도륜　여우여운　공중이하

或斬或刺　苦罰罪人　歷劫受殃
혹참혹자　고벌죄인　역겁수앙

無時暫歇　又令更入　餘諸地獄
무시참헐　우령갱입　여제지옥

頭戴火盆　鐵車碾身　縱橫駛過
두대화분　철거년신　종횡사과

腸肚分裂　骨肉焦爛　一日之中
장두분열　육골초란　일일지중

千生萬死　受如是苦　皆因前身
천생만사　수여시고　개인전신

五逆不孝　故獲斯罪　爾時　大衆
오역불효　고획사죄　이시　대중

聞佛所說　父母恩德　垂淚悲泣
문불소설　부모은덕　수루비읍

告於如來　我等今者　云何報得
고어여래　아등금자　운하보득

父母深恩
부모심은

佛告弟子　欲得報恩　爲於父母
불고제자　욕득보은　위어부모

造此經典　是眞報得　父母恩也
조차경전　시진보득　부모은야

能造一卷　得見一佛　能造十卷
능조일권　득견일불　능조십권

得見十佛　能造百卷　得見百佛
득견십불　능조백권　득견백불

能造千卷　得見千佛　能造萬卷
능조천권　득견천불　능조만권

得見萬佛　是等善人　造經力故
득견만불　시등선인　조경력고

是諸佛等　常來慈護　立使其人
시제불등　상래자호　입사기인

生身父母 得生天上 受諸快樂
생신부모 득생천상 수제쾌락

離地獄苦
이지옥고

爾時 阿難 及諸大衆 阿修羅 迦
이시 아난 급제대중 아수라 가

樓羅 緊那羅 摩睺羅伽 人非人
루라 긴나라 마후라가 인비인

等 天龍 夜叉 乾闥婆 及 諸小王
등 천룡 야차 건달바 급 제소왕

轉輪聖王 是諸大衆 聞佛所言
전륜성왕 시제대중 문불소언

身毛皆竪 悲泣哽咽 不能自裁
신모개수 비읍경인 불능자재

各發願言　我等從今　盡未來際
각발원언　아등종금　진미래제

寧碎此身　猶如微塵　經百千劫
영쇄차신　유여미진　경백천겁

誓不違於　如來聖教　寧以鐵鉤
서불위어　여래성교　영이철구

拔出其舌　長有由旬　鐵犁耕之
발출기설　장유유순　철리경지

血流成河　經百千劫　誓不違於
혈류성하　경백천겁　서불위어

如來聖教　寧以百千刀輪　於自身
여래성교　영이백천도륜　어자신

中　自由出入　誓不違於　如來聖
중　자유출입　서불위어　여래성

教　寧以鐵網周匝纏身　經百千劫
교　영이철망주잡전신　경백천겁

誓不違於　如來聖教　寧以剉碓斬
서불위어　여래성교　영이좌대참

碎　其身百千萬段　皮肉筋骨　悉
쇄　기신백천만단　피육근골　실

皆零落　經百千劫　終不違於　如
개영락　경백천겁　종불위어　여

來聖教
래성교

爾時　阿難　從於坐中　安祥而起
이시　아난　종어좌중　안상이기

白佛言　世尊　此經　當何名之　云
백불언　세존　차경　당하명지　운

何奉持 佛告阿難 此經名爲 父
하봉지 불고아난 차경명위 부
母恩重難報經 以是名字 汝當
모은중난보경 이시명자 여당
奉持 爾時 大衆 天人 阿修羅
봉지 이시 대중 천인 아수라
等 聞佛所說 皆大歡喜 信受奉
등 문불소설 개대환희 신수봉
行 作禮而退
행 작례이퇴

〈부모은중경 원문 끝〉

106

사경발원문(寫經發願文)

　위대하고 자비하신 부처님!

　오늘 제가 지극한 마음으로 사경을 하오니 이 사경 공덕(功德)으로 돌아가신 조상님, 부모님, 일가친지, 이웃 모두 왕생 극락하시고, 저와 가족, 인연 있는 모든 분들이 마음의 평안을 얻고, 슬픔과 고통에서 벗어나 기쁨과 행복을 누리기를 기원합니다.

　자비하신 부처님!

　감로의 법수(法水)와 진리의 등불을 밝혀주신 부처님,

　병이 든 이는 쾌유를, 사업하는 이는 사업 성취를, 학생들에겐 마음의 안정과 지혜를, 취업을 원하는 이에게는 좋은 직장을 얻게 해 주시고, 모든 이들의 소원이 이루어질 수 있도록 가피 내려주시옵소서.

　오늘 제가 지극 정성으로 베껴 쓴 사경 공덕으로 복과 지혜가 자라나서 이 경전을 만나는 모든 이들이 몸과 마음 밝아지고, 부처님 법(佛法)을 깊이 깨달아 마침내 성불하기를 진심으로 발원합니다. 또한 부처님의 가르침을 이웃에 전하여 이 땅이 불국토가 될 수 있도록 가피 내려주시옵소서. 자비롭고 위대하신 부처님, 저의 지극한 기원을 받아 주시옵소서.

　나무 석가모니불

　나무 석가모니불

　나무 시아본사 석가모니불.

민족사 사경 시리즈 **5**

부모은중경

초판 1쇄 인쇄 | 2023년 8월 10일
초판 1쇄 발행 | 2023년 8월 15일

펴낸이 | 윤재승
펴낸곳 | 민족사

주간 | 사기순
기획홍보 | 윤효진 영업관리 | 김세정

출판등록 | 1980년 5월 9일 제1-149호
주소 | 서울 종로구 삼봉로 81 두산위브파빌리온 1131호
전화 | 02)732-2403, 2404 팩스 | 02)739-7565
홈페이지 | www.minjoksa.org
페이스북 | www.facebook.com/minjoksa
이메일 | minjoksabook@naver.com

ⓒ 민족사 2023

ISBN 979-11-6869-037-0 03220

민족사에서 펴낸 사경 시리즈

《금강경》은 지혜를 성취시켜 주는 경전,
두뇌를 명석하게 해 주는 경전이고,
《아미타경》은 돌아가신 부모님이나 조상님 등 가족의
왕생극락을 발원하는 경전이고,
《관음경(관세음보살 보문품)》은 사업 번창, 소원 성취 등
복덕을 증장시키는 경전이고,
《부모은중경》은 부모님의 은혜를 생각하고 갚는 경전입니다.
저마다 현재 가장 간절한 소원에 따라
경전을 선택해서 사경을 하면 더욱 좋습니다.